爸爸單車

| 尋 找 生 命 的 角 色 |

載著孩子迎風向前的單車手

「爸爸」這個身分，很容易給人一種刻板印象，例如嚴肅和不會流露情感與內心世界等。名為《單車》的歌詞中，那位「多疼惜我卻不便讓我知道」的爸爸，也是如此。儘管現實中母愛受到推崇的機會往往佔多，然而，家庭中父親和母親的角色同樣重要；爸爸疼愛孩子的心路歷程，其實很值得我們細聽。

去年，本會家長全動網跟青年作家大招募計劃獲選者劉妍汶合作出版《媽媽火車 —— 尋找生活的禮物》，書內走訪多位在港生活的媽媽，每個故事配以水彩繪本，以豐富色彩呈現媽媽多采多姿的一面。而爸爸的故事當然不應缺席，我們今年因此出版了《爸爸單車 —— 尋找生命的角色》。

本書收錄了十位爸爸的故事，他們當中有不同身分和經歷，包括全職爸爸、運動員、印裔居民、保育人士和支持環境保護者；他們也各自培育著不同特質的孩子如童星、畫家、龍鳳胎子女等。書內以繪本及文字，呈現他們各種特點，相信讀者定能心神領會，找到熟悉的影子。

本書取名《爸爸單車 —— 尋找生命的角色》，除了延續《媽媽火車 —— 尋找生活的禮物》的概念，亦是因為爸爸們總是平衡理性與感情，雙腿不斷發力，載著孩子前進。就像踏著單車一樣，無論路途平坦或是崎嶇，為了帶著孩子看到更美的風景，爸爸都是不怕辛勞，繼續迎風向前。

我們盼望本書能讓大家一同細味父愛的溫暖。作為兩位孩子的爸爸，我誠摯向大家特別推薦本書。

何永昌
香港青年協會總幹事
二零二一年七月

推薦序

感謝去年獲機會創作及出版《媽媽火車——尋找生活的禮物》，在此之後，我發現自己平日在觀察生活或與人相處時，更能夠以同理心感受對方的處境。

有趣的是，自《媽媽火車——尋找生活的禮物》一書出版後，有些男性讀者告訴我，日後有機會的話，請務必訪問一眾爸爸，給他們一點讚揚和鼓勵，別忽視他們的辛勞，也讓平日較寡言的他們，藉此接觸自己從男孩成為父親的內心旅程。亦有讀者說，媽媽與我較親密，可是爸爸呢……不知為何距離總是有點遠，不僅見面時間不多，溝通形式也比較客套，不太順暢。

也許「爸爸」給外界的傳統印象，是不苟言笑的威嚴形象，不習慣以言語表達關愛。的確，很大多數爸爸們在外打拼後，回到家中已累得很，想享受一人的放空時間時，即警覺要珍惜與家人相處的時間，想要放任大玩一場，卻發現最需要幫忙的是做家務或安排活動。當教養這責任成為生活日常，爸爸們內心住著的那個大男孩，都被擱置一旁。

爸爸的角色像一輛單車，前方承載子女成長的重量，後方則是生活中不同的挑戰：金錢、居住環境、事業發展等實際考量，還有教養方式、子女性格與健康，能平衡這些壓力的，只是單純的、對子女與日俱增的疼愛。成為父親後，為了保持平衡，這些曾經的大男孩，必須不斷往前走，踏著父愛的光，照耀著家庭。

從《媽媽火車——尋找生活的禮物》到《爸爸單車——尋找生命的角色》，從訪問者到繪圖者，很高興再次參與創作，把書送給爸媽，湊成一對！願我們都擁有足夠的愛、包容與同理心，理解家人，在順逆流中同步馳行。

劉妍汶
香港青年協會青年作家大招募獲選青年
《媽媽火車》作者及插畫家

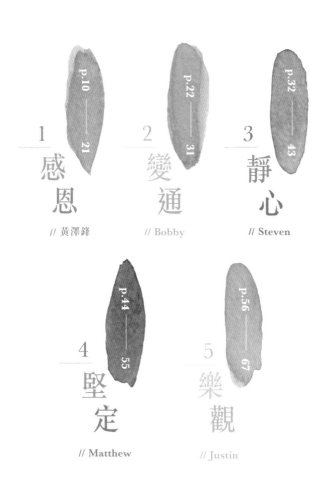

十種力量

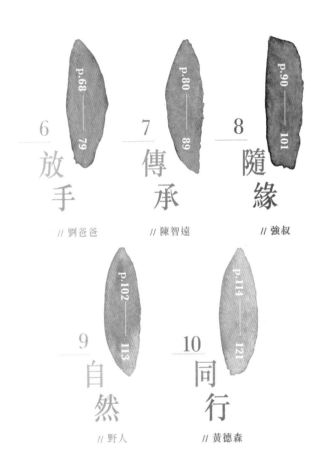

爸爸的角色

大部分爸爸認為要成為一個「理想的爸爸」，應有幾項要點：供給家庭需要，要努力工作養活一家；保護一家安全，要給予安全居住環境；賦予子女教育，要提供良好教育基礎。

結果，為了滿足期望，爸爸把所有心思、時間放在賺錢養家之上，慢慢地就催生了「缺乏父親」的社會現象。所謂「缺乏父親」即在子女成長中沒有爸爸的參與，子女心目中對於爸爸的形象、角色、特性都沒有想法，變成了陌生與空白。事實上，我們認為爸爸最少有以下三個重要角色，能成為子女生命成長重要的一環：

子女陪伴者

在子女年幼時，父親是子女離開母親，並與他人建立關係的第一人。當子女外出探索世界，爸爸的陪伴為子女提供能力感，讓他有信心冒險；當子女遇到危險時，爸爸的陪伴給予子

女安全感,成為子女的堡壘。要做到以上效果,陪伴者需要有幾個特質,包括要主動親近子女、了解他們生活細節及花時間聆聽他們心聲。故此,爸爸需要安排時間與子女建立有質素的陪伴。

價值觀示範者

父母在家中是子女的道德模範,父母的一言一行及價值取向,足以影響子女成長發展。日常生活中,爸爸和媽媽均是培養子女正確價值觀及道德規範的首要人選。爸爸在日常生活中,可多分享所見所聞,向子女表達對事件的看法,運用自身向子女建立正確價值觀。

同性競爭者 / 異性相處者

在兒子心目中,爸爸是他第一個競爭者。年幼的兒子為了爭取媽媽對他的關注,會不自覺地從爸爸身上學習做一個「真男人」──即學習建立吸引異性的行為思想;在女兒心目中,爸爸是她第一個異性相處者,從爸爸身上女兒第一次感受到異性的愛護。這些微妙的親子相處,對子女將來建立同性/異性關係有著重要的影響。家長的言傳身教,為子女將來能否組織健康的家庭,奠下重要的基礎。

請各位爸爸不要輕視在子女成長的獨特角色,並積極發揮自己最大的功效,讓子女的成長變得更完滿更有生命力。

爸爸力量

感恩

黃澤鋒

黃澤鋒有很多個身分，他是電視藝員，也是游泳和泰拳教練。
當人生走過一半，他在51歲時還添上多一重身分——新手爸爸。

爸爸力量

9

感恩

年過半百成為爸爸

黃澤鋒與太太陳麗麗40歲後才結婚，結婚9年一直也抱著隨緣的心態期待小生命降臨，直至51歲時才收到這份天賜的驚喜！高齡懷孕不容易，太太年屆51歲才自然懷上第一胎，更是萬中無一，讓他們更珍惜這個緣分，人生從此一切以女兒為先。

黃澤鋒從事運動教練多年，對於訓練小朋友紀律和他們溝通也充滿經驗和心得，也深得學生的信任與喜愛。但他自言教導別人的子女與自己女兒是截然不同的事 —— 教練是高高在上的，訓練時可以很嚴肅，可以責備學生讓他們保持紀律，但自己的女兒卻不吃這一套。

「我是一位非常嚴厲的教練，做爸爸就不同了，我對著我女兒時總是『陰聲細氣』，整個語調也不同。爸爸絕不可以嚴肅，因為一時的嚴肅可能令女兒兩天不睬不睬我呢！」

雖然有多年教學經驗，但黃澤鋒在教養女兒以及和她相處方面都要從頭學過，亦需時刻提醒自己的角色是爸爸，而不是教練。

「無論我說甚麼，我的女兒都可以完全不聽我講。我是完全『無乎』的，而這樣是我要適應的。」女兒的乳名是「妃妃」，因為她是爸爸的心中的小黃妃。

為了女兒的改變

家庭由兩個人變成三個人,生活從此不一樣。黃澤鋒說能在這個年紀有女兒是很開心的,尤其是他喜歡家中熱鬧,有女兒在家讓生活帶來了很多正面的衝擊。

以前他的生活除了演藝工作,就是教游泳或教泰拳,在女兒出生後,他會時常記掛女兒,會趁著工作中的空檔,回家看看她,就算缺乏時間也會跟女兒視像通話,生活的重心從此不再一樣。

黃澤鋒笑言自女兒出生後,第一個改變就是更努力工作,賺多點「奶粉錢」。黃澤鋒說:「去到這個年紀,要玩都玩完了,冇小朋友也不代表能慳到錢,反正錢也帶不進棺材,如果沒有小朋友,賺更多的金錢也是『得物無所用』,老來也用不了多少。」

在這個年紀成為爸爸,也會擔憂自己還能夠陪伴女兒多久,有時他會在半夜醒來:「會諗到自己年紀漸老,如果我有事,女兒怎麼辦呢?」所以他常常會想如何讓自己健康一點,有危險的活動盡可能也不做。現在他更會常常跑步,希望將來有健康體魄能與女兒到處遊歷。

「因為我覺得自己時日無多,若有100歲,我已經過了一半,我今年54歲了,我希望盡量把餘下的時間也給女兒。」

他認為女兒的成長是「只此一次」的事,當她十多歲成為少女後,更有可能變得反叛,甚至不理睬自己,所以更珍惜女兒的童年時光。

「學好三日，學壞三分鐘」

自女兒出生後，不止人生規劃有所改變，連日常生活的言行舉止也分外留神。因為他意識到女兒的學習能力實在太快了，看見大人做了一件事，很快便會跟著做，到時想更正她便很難。

黃澤鋒個性比較爽直，自言自己是一個「反斗調皮」的人，雖然女兒只有兩歲，但性格已經漸見他的影子。所以他更不敢在女兒面前當一個懷榜樣。

「有時和太太發生衝突，女兒會感到驚惶失措。又有一次我說了一句『傻仔』，女兒立即便跟著我講『傻仔』。俗語話『學好三年，學壞三日』，我覺得學壞其實三分鐘就可以了。以前我很喜歡對著電視機指指點點，但發現女兒還未懂說話時，便學了我的動態，那時我便知道以後都要謹言慎行。我清楚知道自己的缺點，所以不希望在女兒身上看見這些影子。」

儘管女兒年紀輕輕，但已經可以看到她倔強的性格，黃澤鋒表示他不擔心她的成長，只怕女兒長大後會因性格而常常鑽牛角尖，希望女兒在將來能學懂取得平衡。另外，不少家長認為管教小朋友很難，但黃澤鋒卻有自己的一套。他發現一句超過15個字的句子，小朋友便較難明白，因為她的記憶時間較短，所以要保持簡單直接，愈短愈淺，就愈容易明白。

希望女兒當運動員

也許因為黃家的好動基因,黃澤鋒的爸爸是50年代的「飛魚」,他及他的姐姐哥哥也同是游泳健將,他自己現在是教練和裁判,女兒妃妃得到遺傳非常好動,可以整天動個不停。

話雖如此,但黃澤鋒不會對女兒有過多期望,更不會安排女兒由朝到晚,像機械人般參與興趣班和學習;他也不會期望女兒名列前茅,只要做好本分,盡能力完成學業便可以,因為他相信讀書成績不會決定一個人的成就。然而,他卻希望女兒一定要學習一項運動,並在學習過程中培育一份爭鬥之心。

「做教練一定不可以親自教自己的家人,一定要交給別人教才有效!有些特質只在運動中才能培養,例如自我紀律及永不言敗的精神,人不可以沒有運動培訓,否則容易變得懶散。」

黃澤鋒年輕時是游泳運動員,曾代表香港出賽。他現在是泰拳拳證、游泳裁判及教練,而他也熱愛中國武術,所以希望女兒也能找到一項她喜愛的運動。

「我很明白，我擅長游水，但我的女兒未必可以繼成父業，不過我會讓她接觸不同東西，讓她找到適合自己的運動。當然她成為游泳運動員我會很開心，但她喜歡甚麼運動我也會支持。」

寄望女兒成為運動員，不是希望女兒能當上世界冠軍，而是希望女兒能從運動中學習如何接受挫敗。畢竟冠軍只得一個，輸的人卻很多，所以他希望女兒能在運動中學習到欣然面對成敗得失，而不只是運動技巧。說到底，他最終也只是想女兒開心快樂地過生活。

謝謝女兒的來到

除了添了新的家庭成員,新生命還帶來了很多意想不到的收穫——黃澤鋒一家本來平淡的生活忽然變得熱鬧起來,因為她維繫到一眾親友,大家都會很關心妃妃,亦會為了見妃妃而多了聚會。

女兒出生後,他更明白愛惜女兒的那一份緊張:「如果她弄傷,真的會痛到入心!」這些情感,也讓他演戲變得更有感覺。例如以往當他飾演一位父親時,他只能靠想像演繹角色,現在能完全演繹到爸爸愛女兒的感覺。

簡單的生活便是最幸福,他只希望珍惜每一刻與家人相處的時光,「買一個西瓜,兩個人食唔完,多個人可以一齊分享,人生應該就是這樣。」他很感激太太為他生了一個女兒,讓他感到生命完整。

爸爸力量

變·通

Bobby

Bobby來自印度，在香港結識了土生土長的華人太太。
衝破文化限制，他的理想是讓女兒成為快樂的地球公民。

從南印度來到香港

一般香港人談起印度,會想起恆河、泰姬陵,或她的首都新德里。其實,這些傳統地標通通都在北印度,而南印度則因為殖民歷史而更早得到發展,經濟和城市發展都超越北印度。很多科技和工業重鎮也是位於南印度,文化思想也比較開放。Bobby來自南印度的欽奈(Madras),為了有更多機會出國工作,長大後他獨自搬到更國際化的城市浦納(Pune)。

「所有印度人自小都知道:要非常勤力、努力讀書,然後離開印度,在其他國家找好的工作。」

Bobby有很多朋友到了美國,而他也一直尋找機會出國。在1993年,Bobby終於獲一間跨國貿易公司取錄,聘用作派駐香港的員工。取得工作機會後,他沒有告訴任何人便立即買機票,隻身飛到香港。

下飛機後,他才致電父親:「我已經在香港了!」

因為出國是每一個人的夢想，他害怕事前告訴別人會招人妒忌，也不想被父母阻撓，所以他沒有多作考慮，先出發才算！

Bobby本身來自印度的小康之家，有三個哥哥和一個姐姐。爸爸是保險公司的高層，原本他可以透過父親介紹，得到不錯的工作，但他卻希望靠自己打拼。來到香港後，Bobby在貿易公司工作了四年多，後來轉職從事保險工作，他笑言這是他唯一跟隨父親的地方。

在公司，他主要為在港的印度同鄉提供保險服務，並得到非常好的業績。更難得的是，他在這公司遇上了太太，拍拖兩年後便結婚。

印港婚姻不難——別讓文化成為包袱

Bobby太太是土生土長的香港人,二人主要以英語和廣東話溝通。二人育有一名10歲的女兒,她的樣子長得很像爸爸,在香港就讀國際學校,Bobby也沒有特意讓女兒學習印度語。

Bobby說,除了膚色,自覺已沒有印度人的影子。從他離開印度時,他便知道,無論去到哪裡,也要擁抱當地的文化。印度人不吃牛肉,Bobby甚麼都吃;印度是多神宗教,Bobby是無神論主義者;印度人有很多文化忌諱,Bobby通通都不讓這些限制框住自己。

因此，他和太太相處沒有文化差異的問題，也從來不會讓太太跟從任何印度傳統習俗。除了煮得一手太太很喜歡吃的印度菜，他們的生活與香港人無異。

「我其實是個香港人，我的思想、所有生活習慣也很『香港』，所以我們從來沒有因為文化差異而爭執。」

一般印度家庭重男輕女，在香港的印度父母也會讓子女學習傳統文化和到廟裡拜神，亦會送女兒學習傳統舞蹈。而Bobby不止十分疼愛女兒，也不讓女兒學習印度傳統文化。他希望女兒能成為一個國際公民，不需要被任何文化背景束縛。他鼓勵女兒做任何事都要根據自己意願而做，而不是被任何思想框架所左右。Bobby說，不論在任何文化中，如果只有一種視野，思想便會變得單一，擁有多元的思維才能做到最好的選擇。

女兒在開放的教育下，建立了自己的多重文化身分。Bobby
直言，不會向女兒灌輸任何文化思想，但也不介意她追隨
自己喜歡的文化，她想信基督教、佛教；喜歡到印度廟或是
清真寺，只要女兒高興就好。

Bobby的女兒十分喜歡爸爸，相比起Bobby的哥哥，他與女
兒的關係更加親密。過往，他們一家每幾年會回印度一次，
主要是為了探望Bobby的爸爸。太太不習慣印度環境，因為
街上很髒很亂，Bobby為了讓太太和女兒舒服一點，即使回
鄉也會住在酒店。Bobby的爸爸去年過世後，他們未來應
該不會再回印度了。

只相信要讓家人快樂

在印度男尊女卑的傳統中，太太要做所有家務，也要照顧丈夫的家人，但Bobby在家裡會煮飯洗碗、接女兒放學。拋開一切文化，Bobby所憑藉的信念是 ── 讓家人快樂。只要太太和女兒快樂，生活在甚麼地方、發生甚麼事也不重要，這也是他努力的動力來源。

「我的信念很簡單，家人快樂我便快樂，如果他們不快樂，我做的所有事也沒有意義。」

Bobby笑說，他現在這麼努力工作，都是為了太太和女兒，否則以他現在的經濟條件，在印度已經可以過皇帝般的生活了！

他們一家很喜歡去長途旅行，在疫情之前每一年他們也會到三數個國家旅行，從亞洲到歐洲，了解別國的文化，嚐嚐不同的食物。

「我想讓女兒多看看世界，然後讓她自己選擇對她最好的生活方式，這樣做人也會快樂。」

繼續尋找更理想的生活

「以前我覺得在香港她們會得到理想的生活,現在我覺得更理想的生活在英國。」

Bobby在香港打拼了25年,雖然已經很適應香港的生活,建立了自己的事業,在公司有自己的房間,也有舒適的居所,他對目前的生活十分滿意,但是,他也不認為一定要留在香港。

今年,太太說希望帶女兒到英國生活,在英國尋求更自由的教育,於是他們便準備移民到英國。

Bobby能在異鄉獲得成功,他認為以開放的態度去變通十分重要。

「你不能去到別的國家,然後不喜歡當地的文化,覺得別人的文化很壞,這樣沒有人會開心;如果喜歡自己國家的文化,就應該留在自己的國家。」

Bobby覺得沒有必要限定自己在哪裡落地生根,他寧願做一隻自由的鳥,遇到更好的地方便飛到那裡,他去到哪裡也願意欣賞和擁抱當地的文化和生活習慣。

爸爸力量

靜心

Steven

Steven與太太是社工夫婦，將靜觀帶入教養女兒的方法之中。
與太太著有《陪孩子學靜心——從心做起的教養方式》 一書。

女兒生命中的過客

Steven與太太都是社工，女兒出生後，他們二人也轉為
自由工作者，希望把時間盡量用來陪伴女兒。在很多家
長眼中，照顧小朋友就是為小朋友安排周到和計劃一
切；然而，Steven卻有不一樣的想法。

Steven的大女今年五歲，細女兩歲半。兩名女兒性格
截然不同，他形容大女兒性格比較內向，需要多一點時
間才能調整心情適應環境。而細女則活潑好動，喜歡探
險和嘗試新事物。雖然兩個女兒一個內向一個外向，但
Steven認為她們能取得平衡，大女靜中帶動，喜歡攀
石；而細女亦動中帶靜，能投入靜觀活動。

兩個女兒出生後，他與太太沒有刻意分工，他們不想一
個人嚴厲，另一個人寬鬆，而是希望兩個也投入管教、兩
個也陪伴女兒玩耍。可是，因為女兒都是母乳餵哺的，
對媽媽的情感需要比較深，跌痛撞瘀第一時間便會找媽
媽，於是父母之間便自然地有了不同的角色——媽媽是
情感上的親密者，而爸爸便是陪伴女兒嘗試新事物的探
險者。

對於父母的角色，Steven有一套想法：「我不似傳統爸
爸，覺得女兒一定要聽我的說話，我覺得爸爸的身分在
女兒的生命似是一個過客，不能夠每一件事都控制，或
將自己的期望套在她們身上，我的角色是希望能夠啟發
她們認識這個世界，發掘它有趣及枯燥乏味的一面，然
後讓她選擇自己的路。爸爸的角色只是希望令她們欣賞
這個世界多一點。」

於是，Steven希望陪伴女兒多遊歷、多感受，信任孩子
能用自己的「眼耳身心」去理解這個世界。

靜

與女兒一起靜觀

Steven一直也有接觸靜觀，讓自己在忙碌的生活中能有一些「me time」（個人時間），找回內心的平靜。靜觀就是指一個人集中注意力在當下一刻，有意識地去覺察當下的狀態。大女兒出生後，因為女兒睡眠質素不好，讓父母也身心俱疲。於是Steven想既然靜觀能幫助自己，能不能幫助女兒呢？於是，他便去修讀正規的「靜觀認知治療」課程，期間他的心情也更趨穩定。他讓女兒和他一起進行靜觀練習，將靜觀過程化作聲音導航，自此感覺到她睡眠質素和情緒都更穩定。

3
—
靜心

既然靜觀可以幫助自己女兒，Steven便想將這套方法分享給其他家長和小朋友，於是他開始進行社區推廣，開辦「親子靜觀工作坊」。

Steven原本便因為組織「共學教室」與一些家長有聯繫，他將靜觀活動帶入共學教室的課堂。「共學教室」是一個家長組織，互相為大家準備教材，為小朋友設計學前教育課程，一起定期學習。在疫情之前，他們每星期會舉行兩次共學課，課堂開始前會與小朋友進行靜觀練習，讓他們準備身心。

「靜觀能幫助小朋友的情緒和專注力，他能夠知道自己這一刻在接受甚麼信息，通過五感有當下的覺察，當他們知道出現某種情緒，用靜心方法會更容易過渡情緒。例如當爸爸媽媽行開了，我們去處理小朋友的不安，會讓小朋友專注在呼吸遊戲，他們便能慢慢處理不安的情緒。」

小朋友是靜觀導師

小朋友常常很活潑,甚至「無時停」,Steven經常被問到:
「小朋友真的能靜觀嗎?」但在Steven的經驗中,靜不下
來的,往往是大人。

「一個人能夠專注在當時當刻(here and now),專注在當
下的狀態已經是靜觀,其實一個人由出世到一路成長,最能
『在當下』的就是小朋友,他對過去沒甚麼擔心,對未來不
會有太多憂慮,只是here and now,想玩便玩,想做這件事
就做這件事,他們其實最能活在當下。」

有時Steven在活動中,看見有些爸爸媽媽因為想訓練小
朋友專注力及覺察力而帶他們來學習靜觀,但自己就靜不
到,不能停止玩手機,又會和其他父母談天,正正就成了反
面教材──靜不下來。

3

靜
心

有時候，家長才是一心多用的人，而小朋友做事情往往更加專注。有一次，有一個小朋友回家時，爸爸在打機，一邊打機一邊問女兒上課如何，女兒卻提醒父親要專心一點。

又有一次，一位學習靜觀的媽媽分享說，有一次在家中和工人姐姐發生衝突，兩歲的兒子看見媽媽這麼生氣，在客廳找到一個靜觀練習時會用到的頌砵敲了一下。讓媽媽頓時在內心「叮」了一聲，很驚訝兒子沒有「吵架」這個經驗，卻聯想到能用靜觀的方法提醒媽媽注意自己的情緒。

將靜觀融入生活

其實靜觀並不是與生活抽離的事情，Steven說，他將靜觀內化在日常生活之中，變成與女兒相處的方法。

「不是每一天在特定的某時某刻才去做，而是盡量將這事件融入生活，小女兒習慣早起，我會抱著她聽晨早的聲音，用手指指雀仔，她未必能理解我在講甚麼，但她可以感覺到這事件。又例如與大女等巴士時，如果巴士很久也未到，我便會跟女兒做呼吸練習，聽聽街上的聲音，不需要選一個特定時間來進行靜觀，而是很自然地在生活中去做。」

雖然，當孩子有情緒時，靜觀是一個很有效的方式幫助孩子疏理情緒，但靜觀也不是可以解決所有事情的靈丹妙藥。Steven會尊重小朋友的意願才進行靜觀，女兒大部分時間也願意玩靜觀遊戲，但有時女兒扭計或發脾氣，是因為有些需要未被滿足。在這些情況，家長便需要認真了解和處理小朋友的需要。

3
——
靜
心

靜觀活動除了為女兒帶來情緒上的穩定,也帶來其他意外收穫。Steven說大女兒原本性格比較內儉,但因為知道父母在社區內帶領共學活動,有時會看見她自動自覺擔當了一個大姐姐的角色,幫忙處理問題,能看見她有領導才能和關心別人的一面,這些也是Steven辦活動前沒有想過的。

Steven也很喜歡和女兒回到大自然,他跟女兒行山時,會鼓勵女兒挑戰辛苦的山路。他希望透過這些點滴的相處,告訴女兒世上是有困難和挑戰的,但完成挑戰時會有滿足感和成就感,並成為內心豐盛的泉源。這些就是Steven希望對女兒的栽培,Steven說,希望女兒未來能找到自己的需要,能夠發揮自己,他不寄望女兒有甚麼成就或職業,只希望子女能活得內心豐盛。

爸爸力量

堅定

Matthew

Matthew與太太原本都有全職工作，結婚十年後才計劃生育，
誰知一有便是一對龍鳳胎，Matthew決定成為一個全職爸爸在家照顧小朋友。

Matthew的一對龍鳳胎今年一歲了！2020年因為疫情，全港經歷了最不容易的一年，Matthew的一對龍鳳胎在這一個特別的年份出生，在沒有工人姐姐和鐘點幫傭的幫助下，Matthew獨力照顧兩個BB，真的非常不容易。

準備成為新手爸爸

Matthew原本從事程式編寫工作,而太太則在醫院做化驗工作,兩人結婚十年也沒有生育計劃,直至兩人將近40歲時,Matthew的太太開始有渴望成為母親的想法,Matthew沒有特別的想法,因著太太的意願,於是二人便開始準備生育。

有些父母知道懷孕時會歡天喜地,而Matthew與太太是屬於務實型,反而擔心自己是不是真的喜歡小孩,能否愛他們呢?Matthew陪同太太照超聲波時,他們也沒有像別人看見寶寶影像那麼感動,當發現時肚中是孖胎時,他們第一反應是超出預期,接下來便是立即思考和部署如何同時照顧兩名孩子。

第一次超聲波時,他們以為是一對孖女,Matthew說:「之前和太太傾過,兩個女的組合是最差的,因為照顧女兒要很花時間心力,仔仔則可以『放養』,粗獷一點也可以。其實太太想要女兒多一點,我想要仔多一點,最終原來是龍鳳胎,這樣便剛剛好了。」

爸 爸 力 量

4

堅 定

決定成為全職爸爸！

雖然龍鳳胎滿足了兩人的願望,但作為新手父母,照顧一個嬰兒已經很吃力,他們很擔心能否同時「應付」兩個嬰兒。他與太太的父母已經在照顧其他兄弟姐妹的幾名小孩,所以找雙方家長照顧小朋友這方法行不通,另一方面他又常常看見別人與上一代的教養觀念不一樣而產生磨擦,他們不想因此而與長輩關係變差。

然而,他們又很抗拒家中多了一個工人一起生活,亦不想將自己小朋友假手於人,最後決定親力親為——自己小朋友自己照顧。

Matthew與太太比較二人的工作性質,覺得自己程式編寫的工作更有彈性,能以兼職形式接工作,亦較容易重新投入職場,而太太在化驗室工作,若果離職,便很難再重新進入同等的編制。經過務實的比較過後,似乎Matthew辭職當全職爸爸是更合理的選擇,於是Matthew便開始了「家庭主夫」之路。

不被理解的爸爸

決定成為全職爸爸後，不同人也有不同的意見。公司的同事第一反應是很驚訝——有人覺得他應付不了一個人照顧兩個小朋友，勸他們請一個工人；又有人覺得做全職爸爸容易與社會脫節，影響社交生活與擔心他將來的發展；有些人建議他還是半職工作、半職照顧小朋友較好，因為全職照顧小朋友生活會很封閉，有點工作對自己身心也會平衡一點。Matthew將這些好意通通聽下，但仍堅持自己的想法。

然而，對於Matthew這個決定，最大反應的是自己的爸爸。Matthew爸爸思想比較傳統，一直希望兒子能做「政府工」，更認為應該男主外、女主內，丈夫應該成為家庭的經濟支柱。

「爸爸建議我們搬回去住，最多請一個工人。我爸爸比較傳統，一直很想自己的兒子出人頭地，一向都會將自己子女和別人比較，可能老人家跟朋友說起，會覺得這樣不是太好，言談間知道他很介意我做全職爸爸。」

雖然全職爸爸這個決定帶來不少反響，但Matthew也沒有當一回事，其實他本來也沒有給自己設定一個特定的角色，他覺得爸爸媽媽都是小朋友的照顧者，只是分擔不同位置。

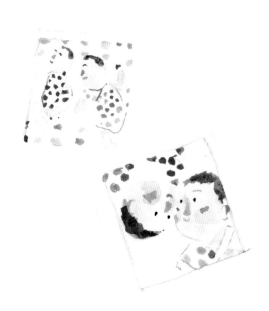

迎接寶貝仔寶貝女

Matthew有心理準備當全職爸爸後，還未感受到成為父親的喜悅，便忙於準備應付日後的育兒生活。他與太太報讀了育兒班，又計劃在預產期前一個月離職，為嬰兒張羅生活所需。

誰知，在預產期前一個月，醫生發現女兒在肚內不再長大，便決定提早開刀取出嬰兒。寶寶突然早了一個月出生，讓Matthew陣腳大亂，原本計劃好好交接工作後才離開，那時便要立即離職，在太太開刀留院的四日內，Matthew立即打點家中一切，最終一對龍鳳胎順利出生。

慶幸大小平安，然而，細女出生時不足四磅需要留醫一段時間。Matthew和太太先接足磅的兒子回家，熟習一下照顧嬰兒，待女兒足磅後再接她回家。

最辛苦的全職工作

「湊妹妹時個心好驚,因為她是早產嬰兒,要特別照顧,我真的好驚、好擔心。妹妹真的好脆弱,她要飲早產嬰奶粉,我又很怕沖錯。當時我好大壓力,壓力大到胃痛,吃任何東西都有想嘔的感覺。」

Matthew說,起初每三小時餵一次奶,真的很忙。兩個嬰兒要吃不同的奶粉,所以要分開兩次餵奶,每個餵半個鐘,然後再哄他們睡覺。哥哥比較容易入睡,但妹妹有時要花上一小時才能哄她睡著。只是餵奶和哄睡覺已經花了很多時間,然後還有很多家務,又要收拾和洗東西,很容易就花光了一天的時間。

寶寶出生時,正值香港疫情最嚴重的初期,他們不敢請幫傭到家中幫忙,怕會帶病毒回家,於是所有家務和照顧小朋友的工作便由Matthew和太太二人包辦,尤其是白天只有他一個人無間斷地照顧寶寶,忙得自己吃飯的時間都沒有,真的非常辛苦。

「返工都可以有午膳時間,累了可以去洗手間休息一下,但湊小朋友無時無刻都不能休息。」

爸 爸 力 量

4

堅
定

但在辛苦的同時,他愈來愈感覺到和子女的連結和愛。從前還怕自己會不懂愛小朋友,雖然自己不是看著寶寶便很容易感動的那種人,但他確實地感覺到自己跟孩子的感情愈來愈深厚。

「照顧兩個小朋友,坦白講真的好辛苦,返工好辛苦是有怨言的,但照顧小朋友卻不會有怨言,我感覺到這是愛。」

起初,Matthew也有邊照顧小朋友邊做兼職,在兩個寶寶六個月大時,因為哥哥與妹妹搶玩具,妹妹被弄得大哭,原本正在處理公事的Matthew下意識便把妹妹先抱到梳化上隔開,再繼續手頭上的工作,卻突然聽到「澎」一聲,原來妹妹從梳化上掉了下來,嚇得Matthew腦海一片空白。

「我本身很少喊,但我打電話告訴太太時,卻忍不住哭了起來。覺得自己為甚麼會忽略了BB,我應該放他們在第一位,那一刻我覺得很對不起他們。」

幸好女兒沒有大礙,但那次經歷讓Matthew自責至今,每次想起仍然很心痛。自此,他便決定要真正全心照顧小朋友,不再在白天接兼職工作。

仔仔女女最愛爸爸

兩個寶寶現在終於一歲了，他們開始會爬來爬去，會向爸爸爭寵，現在爸爸走開他們便會叫「爸爸」，離開一會兒也不行。在一般的家庭，子女通常也比較黏媽媽，Matthew太太看見子女只找爸爸，難免有點失落，這也是全職爸爸的「副作用」。

「始終媽媽有母性，她會不開心，但這也是沒有辦法的事，現實的效果是這樣，唯有放假時交給她照顧，我把家務做完，讓她放假時能全心全意與小孩相處。」

Matthew期待子女開始長大時，他可以增加兼職的比例，能有點時間在家工作，相信他們上小學時便可以接更多工作。其實習慣了在家工作的模式，多接幾份項目其實與全職收入無異。Matthew既是家庭主夫，也是居家工作者，真是不簡單的爸爸。

爸爸力量

樂觀

Justin

Justin是香港童星劉皓嵐的爸爸，在影視圈工作的他，
相比兒子在銀幕前發光發亮的樣子，他更欣賞兒子在幕後所付出的努力。

今年40歲的Justin,與13歲的兒子戴著款式相若的圓型幼框眼鏡,Justin並沒有父親的架子,兩人拿著手機一起打機,感覺像朋友一樣。對於Justin來說,他與兒子是互相學習、亦父亦友的關係。

突如其來的寶寶

從小到大，性格隨和的Justin對人生和事業也沒有太大的期望，中五畢業後，他因為興趣而修讀電腦科，然後便在家人經營的順德菜餐館工作。餐館的工作不算很繁重，但有不少瑣碎事情要跟進，空餘時間他喜歡和朋友打打機，這樣的生活直至他26歲。餐館的生意時好時壞，有幾年更持續虧損，但Justin仍樂觀地抱著「過得一天得一天」的想法繼續工作。

當時，與他一起打機的朋友突然迷上攝影，Justin本著「學多個興趣也無妨」的心態報讀了攝影班。在班上，他邂逅了一位目標是成為專業攝影師的22歲女同學柔烽。

雖然他們的性格十分相合，然而，二人拍拖半年後，生活步伐開始不一致，柔烽說想專心為事業打拼，向Justin提出分手。

不久，柔烽再約Justin見面，並告訴他：「我懷孕了。」

向來樂觀的Justin爽快地回答：「好呀，結婚吧！」

於是他們便結了婚，共同迎接小生命的誕生，並為兒子取名為皓嵐。

其實他們二人十分喜歡小孩，但是Justin的餐館不斷虧損，而太太當時攝影助理的工作月薪只有港幣6000元，二人也著實要為現實考慮。當時，Justin的戶口只有數百元，他心想，孩子不會養不成的，「頂硬上，見步行步吧！」

既然學了攝影，Justin便毅然轉行投入攝影行業，太太也積極為他介紹工作，婚禮攝影、活動拍攝等，為求「賺奶粉錢」通通也做。孩子的出生，讓Justin努力工作，更激發了他的才華，他開始發現自己影像方面的天分，也得到愈來愈多人的欣賞。

自由工作的爸爸

一般家庭可能有一位全職照顧家庭，然後另一位全職工作，Justin與太太有他們獨特的分工。由於二人也想發展自己的事業，於是，他們二人按際遇輪流當自由工作者（free-lancer）和全職工作。

在孩子初出生時，爸爸當全職攝影助理，媽媽當自由工作者在家照顧兒子。後來，媽媽加入了「天比高創作伙伴」全職工作，與林日曦成為同事，而爸爸則當自由工作者在家工作照顧兒子。

皓嵐是一個很少哭鬧的寶寶，沒有為父母帶來太多麻煩。Justin說自己也是個粗心大意的爸爸。有一次，雖然Justin在家照顧小孩，卻因為太專注工作沒有留意兩歲的皓嵐把一顆小發泡膠珠吸在鼻孔中，太太回家後發現皓嵐不斷弄著鼻子，才發現事情，把她嚇個半死，Justin仍然覺得事情不是太嚴重，「孩子仍在呼吸啊！」氣得太太生了他很久的氣。自此之後，他便盡量聽太太的話努力照顧小孩，不再讓意外發生。

熱愛跳舞和影像的小孩

皓嵐自三歲多便在家陪著爸爸一起剪接音樂錄像，爸爸也發現皓嵐十分有天分，有時更會向爸爸建議剪接的方法。看著影片中的人物，皓嵐很小便有當表演者的想法。

在皓嵐五歲多時，他看了電影《狂舞派》後，自己提出想學習跳舞，Justin與太太向來不會迫孩子上興趣班，但當孩子想學習任何東西，他們也會全力支持。想不到《狂舞派》讓皓嵐非常熱愛跳舞，亦立志想成為一位演員。

兒子喜歡跳舞，Justin也多留意舞蹈影片，與兒子一同分享和學習。在工作上，Justin也掌握到更多跳舞MV的拍攝技巧，讓技術更進一步。

由於Justin和柔烽的工作關係，他們認識到不少影視界朋友，於是便為皓嵐介紹了演出機會。作為行內人，Justin對拍電影沒有大眾的夢幻遐想，只知工作十分辛苦，工作人員等候的時間十分長。演員可能只有半句對白的戲分，便要在片場等上四五小時。誰知，當年只有五歲的皓嵐完全沒有怨言，並很享受在片場的時光。

剛好在皓嵐出道前,柔烽辭去了全職工作,準備當自由工作者,由爸爸轉當全職工作。因此,皓嵐的演出和拍攝日程,便多數由媽媽陪同。

皓嵐參與的第一部電影是2016年的《老笠》,他只有一句對白——「我要換公仔」,作為父母,很開心兒子童年的模樣和聲線被電影記錄下來——小朋友的聲音真的十分可愛。

由於小小年紀的皓嵐表現出眾,他得到很多表演機會。一次在「毛記電視」音樂節目扮演「劉小華」打開了知名度後,皓嵐接到更多表演工作,例如舞台劇、MV、電影等等。

兒子成為了一個「童星」，雖然得到很多人驚嘆的目光，但Justin覺得皓嵐只是個普通的小朋友。他覺得藝人也是普通人，表演只是一種工作，但他很高興兒子能做自己喜歡的事情、能發揮自己的才華。

欣賞和尊重孩子

Justin和柔烽也是愛好自由的人，他們希望讓皓嵐發展自己喜歡的事情。除了表演，皓嵐也喜歡電競，即使皓嵐未來想向電競方面發展他們也會支持。

今年，皓嵐升讀中一，媽媽對孩子的成績比較緊張，而爸爸則比較輕鬆。對於學業，Justin笑說自己也不是一個會讀書的人，他不會強迫兒子讀書，但會開導他，讓他明白如果現在多讀書，未來會有更多的選擇。

孩子未來的路，Justin完全交由孩子自己決定，他會盡力支持孩子找尋自己的興趣。然而，其實Justin內心希望孩子繼續在演藝方面發展，因為他認為兒子有這方面的心理質素，是一個天生適合當表演者的人。

「皓嵐會為演出盡力準備，提前背好對白，不介意在片場靜靜的等待，演出時會配合指示演出，很快便明白角色要求。無論是學生短片還是電影，他都一樣認真對待。其實他不是一個擅長背誦的人，但是就連錄歌，他也會提前背了整首歌詞才去，製作人也讚他的態度比很多歌手還專業。」更難得的是，他從不計較成果和收穫。在某部電影裡，原本皓嵐有不少對白，參與長時間的拍攝後，最終戲分卻被大幅刪剪。當時，Justin難免感覺失落，也擔心皓嵐會不開心，然而，皓嵐卻說：「反正我們是拍了，拍攝時又開心，不要緊吧！」父母也想不到年紀小小的皓嵐會有這樣的反應，覺得要反過來向他學習。

至於片酬方面，Justin眼見有很多童星與父母最後發生金錢糾紛，所以他們很早便與兒子商定，皓嵐演出的錢一大部分是他自己的，小部分作為家庭支出。兒子可以有自由自己決定買甚麼，由於皓嵐喜歡電競，他便自行組裝了一部高階的電腦。

希望兒子有國際視野

Justin相信,無論做甚麼行業也好,千萬不要局限自己的視野,即使在本地有不錯的表現,但也必須去了解世界最高的專業水平,才會有進步。

目前就讀中一的皓嵐,眼見不少同學會去外國升學,而以演藝為發展方向的皓嵐,在一家人商量後,認為到韓國當練習生是一個不錯的嘗試。韓國有公立和私立的藝術中學,能全面地支援青年不同方面的演藝發展。而且,韓國的文化產業在世界也是處於領先的位置,因此Justin夫婦希望讓皓嵐走出香港的舒適圈到韓國學習。

父母都相信,下一代年輕人的聲音要被聽見,必須要在世界有成就。Justin希望兒子無論將來如何發展,也能在自己的舞台上發光發亮。

爸爸力量

放手

劉爸爸

劉爸爸80年代初加入電腦行業，是香港最早一代的IT人。
憑著努力供兩個女兒到外國讀書，既疼愛女兒，又願意放手讓她們飛翔。

爸 爸 力 量

6
放手

劉爸爸小時候在內地長大，他的爸爸則在香港工作。後來劉爸爸來港與父親團聚，並結識了太太，從此在香港落地生根。七八十年代香港經濟起飛，隨著資訊科技興起，整個世界便步入一個高速轉型的時代。劉爸爸在香港電腦化的初期加入了電腦行業，工餘時間不停進修增值自己，憑著努力讓家人能享受更好的生活，並讓兩個女兒出國留學。

第一代IT人

劉爸爸跟很多上一代人一樣，兄弟姊妹多，小時候沒有機會讀書，很早便需要工作養家。他加入了電腦行業，在日間工作，晚上進修英語和電腦課程，後來更找到一份銀行的電腦工作，一做便做了38年直至退休。

「當年IT很吃香，那時候Apple才剛剛面世，家用電腦還未流行，那時大部分公司是行IBM這個大系統的，與現在的網絡技術完全不同，系統去到90年代尾才被PC取代。」

在80年代，懂得用電腦是很專門的學問，而IT行業很穩定，收入足夠讓家人過上不錯的生活。

兩個寶貝女兒

結婚後，劉爸爸計劃與太太生兩名小朋友。因為希望小朋友有伴，而有兄弟姊妹更可以學習到如何與別人相處。

後來，劉爸爸跟太太誕下兩個女兒，她們年紀相差兩歲，二人感情很好，但性格卻截然不同。大女比較「男仔頭」，喜歡玩汽車玩具，有時會心散，需要父母督促；而細女則心思細膩，性格比較女兒氣，自小有點完美主義，對自己要求很高，所以爸爸要常常鼓勵她。

「兩個女兒出生後，我要想的東西就多了，例如怎樣教育她們，我的目標只是她們將來有能力自立，照顧自己，那樣就好了。不過，我也想為她們鋪一條好一點的路，讓她們日後的日子好行一點。」

爸爸的寄望

父母都希望女兒能走上康莊大道,一方面希望他們成績好,
可以升上好的學校,讓日後的路更易走,劉爸爸亦一樣,希
望女兒能走上康莊大道;另一方面,他又覺得女兒快樂成長
更重要。雖然他盡量不想給予女兒壓力,但其實心中也會為
她們的學業著緊──父母的心情就是如此矛盾。

劉爸爸為大女選擇了當時屬於新派的活動教學幼稚園,上課時間常常玩遊戲、表演、做手工,不多使用課本,女兒的確能在愉快的環境中學習。但當她升上幼稚園高班時,仍只能計算1至10以內的加減數和寫出幾個英文生字;相反就讀傳統幼稚園的小朋友,早已能夠計算複雜的加減數和寫出很多生字,劉爸爸為此暗暗擔心。

「數學只懂1至10的加減,我心想『死了』,將來怎樣考小學呢?」

然而,升上小學後,大女兒在半個學期內便追上其他同學,更順利升讀精英班。

劉爸爸常常跟女兒說:「讀書盡力就好,不一定要考第一、二名,但能保留在精英班的話,將來派到好的中學,日後的路會順利一點。」

在潛移默化下,兩個女兒也認真學習。雖然大女兒有時心散,但在爸爸提點下,最終兩名女兒都考入不錯的名校,學校校風良好,讓劉爸爸鬆一口氣,不用怕女兒學壞。

尊重女兒的想法

除了為女兒的學業操心，劉爸爸也希望她們能健康地成長，自小便讓她們學游泳；他亦讓她們學彈鋼琴，讓她們有一技之長。

劉爸爸通常不會強迫女兒做事，唯獨有一項例外——學游泳。自從她們升讀幼稚園，劉爸爸便帶她們去學游泳。大女兒性格好動，一到泳池便自己跳下水游個痛快；但小女兒則比較膽小，常常不肯進入水中，向爸爸說不想游泳。但劉爸爸覺得游泳是必要的求生技能，而且小女兒體弱，希望她能透過運動，讓身體強壯一點，於是他堅持帶她到游泳班。起初她十分抗拒，但後來在班上結識到朋友，又習慣了游泳的感覺，便不再抗拒了。

「她們由幼稚園開始一路游到中三，我想讓她們參加公開賽，不是要求她們拿出甚麼成績，而是想她們感受到比賽的氣氛，學習如何努力。」

女兒聽從爸爸的話學習游泳，可是學琴就不那麼順利了。當時別人家的女孩都彈鋼琴，所以他也讓女兒去學。然而，比起彈鋼琴，家姐更喜歡打跆拳道，所以只考到五級便決定不學了，劉爸爸明白如果女兒沒有心去學，迫她都沒有用，於是便由她。

而細女則很有天分，12歲已考到七級，13歲準備考八級時，爸爸為她交了學費，才發現她沒有去上課。

女兒說：「我不喜歡彈琴了，我喜歡畫畫。」於是就決定不再學了。劉爸爸當時也有點生氣，心想既然大家也已經花了那麼多心機，只差一級便應該繼續考吧！但女兒很堅持，於是劉爸爸說：「妳將來不要後悔就可以了。」便再沒有逼迫她。細女直至現在，仍然醉心畫畫。

放心讓女兒飛翔

兩個女兒升上中學後，成績方面也不需爸爸擔心。她們學校的文化是很多同學會到海外升學，而家姐後來也萌生了這個念頭。有一晚，家姐走來跟劉爸爸商量說：「我想去美國讀書。」

「你想清楚了沒有？」爸爸問。

「我想清楚了。」女兒回答。

於是，劉爸爸答應了女兒。性格獨立的她單靠自己之力便把所有簽證和文件準備好，很快便順利往美國升學。

讓家姐去美國升學，妹妹當然也應該得到同樣的機會，於是兩年後，妹妹也到了美國和家姐一起生活，互相照應。雖然隔了半個地球，但她們一個星期會打一兩次電話回家，遇上甚麼事都告訴爸爸。

兩姐妹先後完成學業從美國回港，她們都變得很獨立，生活所有事情都能夠自己處理。

女兒獨立了，不用爸爸幫忙，從小照顧女兒的劉爸爸反而有點不習慣。以前很「驚青」的妹妹，更自己去歐洲和非洲旅行三個多月，讓爸爸感慨女兒真的長大了。

「從美國回來後女兒就真的太獨立了，有甚麼事都不用我理，做甚麼事都可以自己解決了；但大事還是會和我商量，例如找工作等，都會聽我的意見和分析。」

如今，兩個女兒已經各自過著不錯的人生，作為爸爸為她們可以準備的也都做完了，對於女兒的未來，劉爸爸還是跟送她們上幼稚園時的初心一樣：「沒有特別要求，日子過得開心就可以了。」

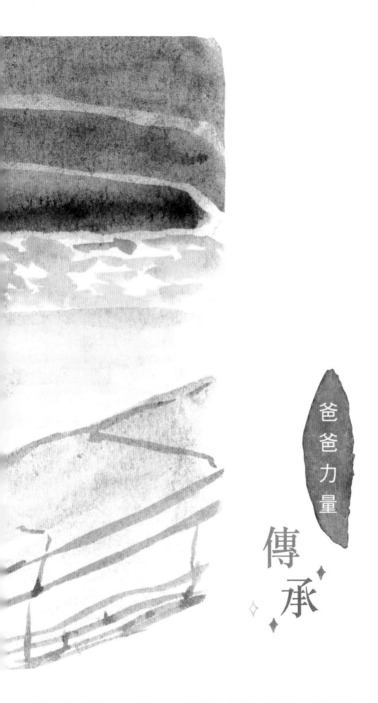

爸爸力量

傳承

陳智遠

陳智遠熱愛旅遊，曾到訪80多個國家，他認為旅遊是一個展現地方品味的櫥窗，
於是在本地創立深度遊旅行社，常常跟兒子一起探索這片彈丸之地的有趣之處。

陳智遠的爸爸是印尼華僑，在印尼出生及長大，後來回到
中國大陸念大學，文革後輾轉來到香港定居，跟太太生了
陳智遠和他的姐姐。對於爸爸來說，香港只不過是他們的
新居。小時候，陳智遠會跟隨爸爸回印尼探親，但他沒有
深究為甚麼要到印尼，也不知道為甚麼在印尼會有親人。
一切待他成立了深度遊旅行社後，才發現自己原來不清楚
自己爸爸媽媽的成長故事，細問之下，才知道他們的前半
生過著顛沛流離的生活。而一個城市變遷的故事，正是由
這些細碎而重要的片段組成。爸爸那一代人，對香港沒有
太深厚的感情，畢竟香港只是一個謀生的地方。這一個城
市的色彩，便由他們這一代人開始建構。

平衡創業與家庭

想當初，陳智遠十分享受旅遊，卻非一開始便以香港為本
位。他與太太遊歷了很多國家，在旅行中，他發現一個看似
平凡地方，只要深入地認識也會發現箇中精彩之處。回到
香港，他發現自己的身處之地其實也十分精彩。

「旅遊是一個展現城市獨特性格和品味的窗口，告訴別人
你是一個有文化、有層次和有格調的城市，而你不會想別
人覺自己很庸俗。作為香港的一分子，沒理由不將香港最
好的一面展現出來，讓別人覺得你有型和有品味。」

陳智遠常開玩笑道：「珍惜生命，請勿創業！」事實上，開辦深度遊旅行社實在不是一件易事——「深度遊」，顧名思義每一個行程都獨特而深入，要做的研究功夫實在不少，加上他凡事親力親為，常常親自帶團，又要處理繁瑣的公司文件，常常忙得不可開交。雖然工作忙碌，但他也會多預留時間陪伴三個兒子，所以他往往以最有效率的方式分配時間，不讓忙碌的工作佔據家庭生活。

陳智遠的大兒子五歲、二兒子三歲、小兒子一歲半。他與太太有兩個兒子時，希望追一個女兒，雖然第三個孩子也是男孩，但他們也不打算再追了。因為經過他深思熟慮後，覺得如果有四名孩子的話，時間便更難分配，為了好好陪伴兒子成長，他便放棄這個決定了。

三個小孩也是男孩子，他坦然有點「壓力」：「三個也是仔，老竇必定是他們的榜樣，會有種責任，亦會有某種壓力，他們當你是榜樣，你就要好好注意自己的言行。」

作為父親，生活上的細節他也很在意，陳智遠平日很喜歡吃薯片和喝可樂，但他有意識盡量不要在孩子面前吃零食，盡可能給孩子示範健康飲食。

三個小孩 各有性情

有三個小孩,在香港算是一個大家庭,陳智遠說與家中三位
小孩相處,其實是一門與人相處的藝術。

「認識伴侶是一門藝術。有了孩子,便要認識多三個人。他們
三個性格不盡相同——大仔偏向文靜,有點完美主義;二仔
卻是不拘小節,性格比較外向,又有點『古古惑惑』;孻子是
很有主見的,雖然只有一歲半,但已看得到他會堅持己見。」

前陣子因疫情停課,他經常與當時四歲半的大兒子到處去,
有時去行山或是行水塘,除了能呼吸新鮮空氣和活動筋骨,
也是優質的親子時間。他會邊走邊告訴兒子不同建築的故
事與歷史,即使兒子未必明白,但他也能感受到城市四周的
文化氛圍,視野也會更為開闊。

「我小時候沒有太多機會周圍去,我的信念是街道以及不
同的地方就是最好的課室,能從中學習不少知識,這些知識
滲在不同地方,親身見識過便會有另一番得著。要告訴兒子
大自然是怎樣的,同一個水塘,春夏秋冬也帶他去一次,便
是最好的教育。」

大兒子很喜歡香港的交通工具，尤其是喜歡乘坐地鐵。他陪大兒子去海洋公園站，走上附近的南朗山，大兒子更開心地與地鐵站名牌合照。他又帶了大兒子和二兒子到宋皇臺站通車前的開放日參觀。

「只有陪同他一起去一個地方，才能明白從他的視角他會留意甚麼、看見甚麼，例如大仔很喜歡看路牌，當中的細節還是他告訴我的，要陪同孩子，才會掌握到他對甚麼好奇。」

相比起哥哥，二兒子對各種新事物的好奇心更重。近日，二兒子突然說很想要「會升起」的汽球，陳智遠便買了一罐氦氣，在家和二仔玩充汽球，看著汽球飄到半空，二兒子高興得不得了。有時小朋友會萌生「奇怪」的想法，但其實又很簡單，珍貴的是爸爸媽媽陪他們去實現他們心中的「大計」。

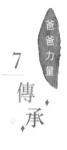

給兒子的文化傳承

作為一個城市保育者，原來保育的初心也與孩子有關。

「我對建築保育的堅持，是因為想到為甚麼這些建築，我們還有機會親身看到，但我的兒子長大了便沒有機會看見呢？為甚麼那些重要的歷史建築只能從書本看到呢？既然我們現在還能繼續享受這些生活文化，便要想一些方法讓我們的小朋友也可以繼續享有。」

說到父子傳承，陳智遠認為那不是將自己的「衣缽」給孩子繼承或是讓他們繼續做自己所做的事，而是為他們保護這個年代重要的事物，不要讓這些事物在他們那一代消失。

「皇都戲院慶祝65周年時，我的二仔剛剛出世，我們正在爭取『保留皇都』。這座建築如果可以保留，那麼慶祝100周年時他已經35歲，如果當晚他能跟老婆去吃餐飯、看場戲，其實是一件幾有意思的事。如果那一刻他的爸爸沒有參與保育，他便沒有這個機會。」

然而，他最想傳承給兒子的，只是一份此生不枉的精神。他希望兒子都能像爸爸一樣，找到自己喜歡做的事情，就算辛苦也願意盡力，讓自己的人生不枉過。

爸爸力量

隨緣

強叔

強叔年少時曾隻身到南美洲打工,努力儲夠了錢,然後回港組織家庭,
然而,隨著香港經濟轉型,人生隨之而起落。
浮沉大半生,最珍惜的始終是家人,其他一切隨遇而安便好。

從筲箕灣石屋到南美洲

強叔1954年在香港出生，年幼時與父母及三個姐姐住在筲箕灣的石屋，當時筲箕灣仍是一條漁村。在物質不豐盛的50年代，草根階層大多也是穿著木履的，而強叔的爸爸是一名鞋匠，以組裝木履為生，每天用釘把布帶釘裝在履底上再賣出。直至60年代，香港人口急升，政府資助市民養豬促進農業生產，強叔爸爸一家便搬到新界元朗養豬，那時候香港新界家家戶戶都經營著小規模的豬場。

舉家搬到元朗，強叔也開始在鄉村學校讀書——英文課本由開學到畢業只是教了數頁，數十年過去，他最深刻仍然記得那一句「A man and a pen，A pen and a man。」

那個年代，新界豬場不時爆發口蹄病，強叔一家的豬最後短短幾年就死光了。結束豬場後，他們一家搬到深水埗，在新界長大的強叔在一所位於唐樓內的教會學校上課，他感到自己格格不入，學業也跟不上。父母怕他被街童帶壞，不准他走到街上玩樂，強叔的童年便只能在唐樓的板間小房間中沉悶地渡過。

強叔十多歲後便到製衣工廠當包裝工人,雖然不再困在小房間裡,但生活依然單調乏味。當時強叔覺得自己學歷不高,朋友也不多,總感到自己事事不如人,感到自己一輩子也難有出息。有時從電視機看到別人出人頭地的樣子,彷彿是一種無形的諷刺。

誰知一次機緣巧合下,已嫁給委內瑞拉華藉商人的姐姐說可以為推薦他到當地打工,當時委內瑞拉因石油資源豐富而經濟起飛,遍地黃金,不少華人也到當地尋找機會。再者,當時出國仍是少數人能擁有的機會,強叔當時只是不過20歲,**難得遇上一個可以打破人生困局的契機,便決定離開香港!**

8
隨緣

八年的「工作假期」

就像現在很流行的工作假期一樣,強叔一個人飛到委內瑞拉的十字港,在當地華人餐館工作及生活,足足半年才能償清高昂的旅費。

雖然旅費高昂,但對於強叔來說,自由的空氣異常重要,「以前困在小房間裡,現在變得很自由,我甚至比其他人大膽——別人很怕離開自己餐館和本地人接觸;我卻很喜歡出街周圍行,不怕走遠一點。」

後來,強叔學習了基本的西班牙語,兩年後便決定到首都加拉加斯工作,雖然同樣在華人餐館當樓面,但收入卻大幅上升。

在委內瑞拉,即使做著相同的工作,人工都比香港高一倍,而且,工作的餐館包食包住,強叔又沒有賭博等壞習慣,放假只會到電影院看一天戲,幾年下來儲了不少錢。最捨得花錢的一次,是和朋友一起到美國佛羅里達州的迪士尼樂園旅行,當強叔見到那些宏偉的景點,看到那艘2001太空船很科幻、很先進,心裡想,「人生能有這樣的見識,已是不枉此行!」後來,工友又發起一起到阿根廷看瀑布,強叔雖然有點興趣,但最後還是想省一點錢。**雖然在這邊日子很是快活,但他仍然很掛念香港,很想回家。**

幸運之神降臨

「我其實時時都掛住香港,有時發夢會夢見在香港食最鍾意的豆腐花,但在夢中行來行去,都總是找不到那間舖頭。」

其實強叔心裡一直有個目標,他想儲夠錢能在香港買樓安居才回來,這樣回來才有意思。那時他一直從舊報紙中留意香港的樓價,心裡期待回港買樓結婚、生兒育女。

機會是留給有準備的人,在1982年,發生了影響強叔的兩件大事——第一件是戴卓爾夫人談判香港前途問題後在人民大會堂門口跌倒,間接使香港樓價暴跌;第二件是當時與委內瑞拉幣掛勾的美元急升。美元急升、香港樓價暴跌,強叔算一算,心想:「掂了!」八年來的儲蓄終於「有用武之地」,夠錢買樓,便決定回港。

強叔在深水埗看中一個電梯洋樓單位,那個單位由原本五十多萬跌至三十多萬,他便立即下手買了:「永遠都記得,34萬5千元,返香港那時是我一生人最好運的時候!」

更幸運的是，強叔甫離開委內瑞拉，當地經濟泡沫便迅速爆破，局勢也隨之動盪，強哥回港時機剛好讓他避過了動亂。

回港後，強叔回到製衣業，日間做辦房助手，晚上讀職業夜校學習畫紙樣，目標是做個紙樣師傅。當時28歲的他已達適婚年齡，經同事介紹下結識了太太：「沒有想太多，簡簡單單便結婚，之後生了哥哥和妹妹。」

安了居也組織了家庭，有兒有女湊成一個「好」字，工作也向著事業目標進發，這時候一切也很美好。

為兒為女的爸爸

有了子女後，原本生活簡單的強叔更是一切以家庭為先。
他很花心機與子女相處，當兒子還在幼稚園唸書時，學校
要兒子帶一份復活節勞作回校。他特意買了隻咸蛋，將它
烚熟，然後在文具店買了各式各樣的材料，包括金色的膠
紙，將咸蛋包成金光閃閃的復活蛋，又去玩具店買了透明
的玩具屋和小雞，在裡頭放些碎紙當草。「很完美！阿仔的
同學看著這間屋，全部都很羨慕！」，**現在兒子已經三十多
歲，強叔談到這些小回憶，仍然雀躍得像當天剛完成勞作
的時候。**

爸爸力量

隨緣

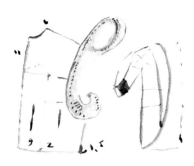

在平凡日子中看到兒女的笑容，強叔已經感到很滿足。然而，生活總是有喜有悲，強叔好不容易完成夜校課程升作「師傅仔」，卻碰上了香港的產業轉移，本地製衣廠紛紛結業，強叔突然失業了。後來，強叔找到了夜更保安員的工作，雖然收入比從前少，但因為工時較短，強叔可以和家人吃過晚飯後才上班，讓他感到十分感恩。

雖然強叔與太太也有工作，但是因為家庭開支大，經濟壓力亦比以前重，而他與太太的關係亦慢慢出現了裂縫。太太的性格與強叔很不同，強叔坦言與太太相處得很辛苦——強叔的生活簡單知足，而太太則比較重視物質生活，亦愛與他人比較，容易對生活的狀況不滿。

婚姻生活不愉快,讓強叔把心思全都放在子女身上,當家裡發生爭執,強叔便會帶小朋友去吃雪糕,他寧願按奈自己的感受,也想子女忘記那些不開心的片段。每當放假強叔便帶子女去公園玩,消費雖然不高,但能與子女一起玩樂卻是無價。強叔女兒很喜歡到當時在尖沙咀的小熊國,他寧願平日自己省吃省用,也會定期帶女兒去玩。

一輩子的成就

家庭氣氛不融洽,讓強叔很擔心子女不能快樂地成長,所以他凡事也盡量忍讓,面對著子女時他也盡可能表現開心一點,希望為子女保持完整的家庭。他不期望子女「成龍成鳳」,但求他們不要學壞,在日常生活中盡量以身作則,對著子女說話斯文、做事正直。當時社會很流行「食丸仔」(毒品),他最擔心就是這一件事,至於成績那些,他反而沒有太大期望。而一對子女也如他所願沒有走歪路,各自都有不錯的發展。

這些年來,人生經過高跌起跌,他相信福禍其實早已注定,只能告訴自己凡事不能強求。無論面對甚麼,他在心中常常對自己說四隻字:隨遇而安。

「我一輩子的成就,就是捱大了一對子女,他倆都能做個好人,就已經心滿意足。」

強叔說,儘管自己的能力不能給子女100分的生活,但相信自己也是一個90分的爸爸──至少子女一定能感受到他的愛錫;而他也知道子女同樣十分疼愛自己。

如今強叔已將到退休之齡，而子女也長大成人，不用他操心了。一對子女已跟他計劃好，他退休之後便會與他重遊舊地，重返美國迪士尼旅行。當年，他孑然一身，踏足南美；又拿著機票孤身一人回港，如今已有兒女同行。勞碌大半生，身旁多了兩雙足印，除了感恩，還是感恩。

爸爸力量

自然

野人

「野人」原名莫皓光，奉行簡樸和環保生活。
有兩名兒子，希望兒子能在自然環境中健康快樂地成長。

1 自然

爸爸的木匠爸爸

年輕時期的野人生活與一般城市人無異,他的爸爸是位木匠,除了精於製作家具、用具等細木工,上一代的工匠水電煤通通都懂,然而,野人對爸爸的工作不感興趣。野人年輕時覺得那些東西都是沒用的,因為家中有甚麼要修理,打個電話花錢就可以解決了,爸爸讓他幫忙和教他技能,他都沒有興趣了解,與爸爸的關係不算很親密。

直至最近十多年,野人開始接觸自然和過著簡樸的生活,才知道爸爸的手藝和經驗全都是「寶」—— 在山邊生活,很多生活瑣事也不能依賴別人,東西壞了自己解決比找師傅幫手更快。而且身邊有很多空間,可以嘗試自己裝修和製作東西,野人才發現原來自己很享受這些手作,只是因為在城市沒有這樣的空間。

於是,野人和爸爸找到了很多共同話題,例如下雨時會怎樣,水浸時又如何應付。他會邀請爸爸到農場一起研究東西怎樣弄,向爸爸學習,兩父子之間變得更親密。

給孩子的自然教育

兒子出生時，野人已有多年的自然教育經驗，常常接觸小朋友。但當自己的兒子麥皮出生後，他才發現養育一個小朋友與帶領小朋友參與活動很不同，每一個小朋友也需要特別的栽培。

「最大方向是讓小朋友自然發展，其實每一個小朋友也『內置』了好奇心，要讓小朋友的好奇心得到自然發展。很多家長因為想保護小朋友，不讓他們碰這個、不准搞那個，久而久之他們便失去興趣，結果扼殺了他們的創意和好奇心。」

野人相信，尊重小朋友的自然發展，並不等如放任他們不理，重點是找到適合他們年紀的東西讓他們嘗試新事物，以及確保他們的安全。例如他會與五歲的麥皮一起捆竹枝，甚至試用電鑽，只要在安全情況下陪伴他們便沒有問題。家長有責任提供足夠的刺激讓小朋友發展他們的好奇心，而大自然就是個讓小朋友展開探索的好地方。小朋友需要的觸覺和感官刺激在大自然都齊全，可以讓他們嬉水、爬石頭，根本不需特意報班提升小朋友的大、小肌肉。

讓孩子自然成長

野人留意到，小朋友有自己的自然發展階段，他們甚麼東西都想試，野人也很樂意陪伴孩子一起探索。

「過程其實很有趣的，我們也會鼓勵麥皮：『爬上來吧！』，其實小朋友能判斷自己準備好了沒有，如果他未準備好就會說『不』，這時我們就要尊重小朋友的決定；但有時候，有些大人會說『這麼沒用！這樣也不敢！』，其實這些都是傷害，『自然發展』就是順著小朋友的步伐，適合的時候他們自然會試。」

野人心中的「自然」，並非單是指大自然環境的天地山水，更包括是一個人能從心而行。目前麥皮就讀傳統學校，他很喜歡上學，喜歡坐校巴和跟老師、同學溝通。他覺得如果小朋友讀書讀得不開心，也不是小朋友的問題。很多家長也會責怪孩子：「每個小朋友也是這樣上學，為甚麼你不喜歡上學呢？」把問題歸咎在小朋友身上，但野人覺得如果小朋友不喜歡上學，也可以不上學，可以嘗試在家學習、「瑟谷教育」或「華德福教育」等，很多另類的選擇 —— 一般學校不是唯一的選擇。

野人的大兒子麥皮，其實是名字莫期的諧音，為兒子取名為莫期，正是希望他不要活在別人的期待之下，能活得自然。

「小野人」的成長

野人的兒子在大自然環境成長,在山水之間遊玩十分自在,但同時也很享受室內的靜態活動。原本野人以為兒子在郊外長大,會很活躍和很喜歡在戶外玩耍,但現在兒子很喜歡在家玩玩具和看圖書,野人也會讓兒子選擇自己想做的活動。

崇尚環保的野人不會為兒子購置新衣服和玩具,因為香港這個城市的物資實在太豐盛了,朋友給的二手衣服和玩具也十分充裕。他笑言因為玩具太多,想找機會與兒子一起製作玩具也很難。

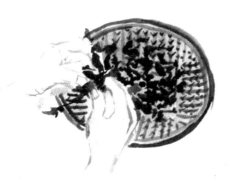

最近麥皮喜歡玩火車，野人在網上徵集火車玩具，結果徵收到很多火車軌和火車玩具。有一天麥皮看故事書，看見火車在隧道中出來，便說想要一條隧道，這下野人心想好了！終於有機會和兒子一起製作玩具。於是他們便找來木板和螺絲，兒子負責鑽洞和放螺絲，父子合力製作一條獨一無二的隧道。

除了二手玩具，他們常常玩康樂棋、鬥獸棋和啤牌等，野人有意識地選擇有互動成分的遊戲，多於小朋友自己玩的玩具。在假日，他又會與孩子一起踏單車，從家中踏至親人家吃飯，尤其在疫情期間，踏單車是很好的親子活動。相比起城市長大的小朋友，麥皮比較知足，沒有要求很多物質。

大自然缺失症

「一個人整全的發展不能沒有大自然，沒有大自然的成長就會像在花盤種的植物一樣，沒有生命力。」

野人相信人本應常去自然、生活在大自然之中。當人與自然的關係疏離，人便會對自然環境沒有感覺；當大部分人沒有環保動機，對大自然來說絕對不是好事。在都市化的生活裡，愈來愈多人有「大自然缺失症」，對於自身來說，如果欠缺大自然的生活，一個人的視野便會變得狹窄，會失去了發展創造力和解難能力的機會。

「很多事情在自然環境中很自然便會發生，但在城市裡要透過很多學習班試圖找回能力，這樣其實比較割裂。其實行一次山或去農場種東西已經有很多價值在裡面，例如生命教育、堅毅精神、耐性、恆心和面對辛苦的環境等等，不需要在20歲才參加那些十日九夜的野外定向。」

野人希望在自然環境中成長的兒子會健康快樂地生活，也會珍惜自然，找到大自然給他的價值。

爸爸力量

同行

黃德森

傳統父親的就是不苟言笑的嚴父、新一代的父親是朋友，還是玩伴？
獲獎無數的前香港滑浪風帆運動員黃德森則認為，
照顧孩子是「邊做邊學」的過程，與孩子一起結伴成長，總會讓雙方有所得著。

親子故事

說起做父親，黃德森有很多「親子故事」。

「記得女兒小時候，有次我打她。後來當然後悔。她睡覺的時候，我寫了些東西貼在她床頭。第二天早上我問她有沒有看，她說看不懂，我只好讀給她聽。大意是爸爸從來冇做過父親，少不免會犯錯，但錯了會承認，也會改過。」

錯了承認，然後改過。他的親子故事，幾乎全都是關於學做父親、和女兒共同成長的記錄。

「我也會和她們說床前小故事。我會讓她們自己選擇想聽我甚麼年紀的故事,她們通常會選擇和自己年齡相若的事。就是這樣,她們知道我的成長故事,了解爸爸是一個怎樣的人。」黃德森親身示範用自己的成長故事來和子女共同成長。

爸爸力量

10
同行

將「正向訓練」融入生活

黃德森強調學習做父親之餘，讀輔導學的他對教育女兒也有一套理論。他說起在冰球會的經驗：「我們提倡 positive coaching（正向訓練）。當中包含三個元素：欣賞付出（effort）、把握學習過程（learning）、容許犯錯（making mistake is OK）。在日常練習中要不停欣賞她們的付出和努力。」他舉了一個例：「有一次訓練完，教練問家長覺得兒子表現如何？家長急著說兒子表現不好，好像看不到兒子努力的地方。試問，兒子又怎能建立興趣和成功感呢？無論如何，起碼要說一句『I love to watch you play』（我喜歡看你打球）吧！」

把這個理論套在子女身上，他認為讚賞很重要：「大約四五歲吧，有次在沙灘玩。阿女不小心把玩具掉到石堆中。當時我衡量情況，問她有沒有信心自己去拾回玩具，她考慮了一會，點了點頭，結果成功拾回玩具。當時她滿心歡喜，只知道自己成功了，也沒留意到膝蓋損了。我讚她之餘，只輕輕帶過她膝蓋弄髒了，沒有再講甚麼。以後，她就有信心自己拾東西。」親身體驗令女兒願意多作嘗試，而這正是學習的重要過程。

「在家中，太太是教育局長，我是體育組長。在香港的制度下，教育局長與體育組長之中，當然教育優先，所以媽媽的角色較吃重，也較嚴肅。我就多點負責安排一家人的親子活動。」

請黃德森回想一次最深刻的親子活動，理所當然是水上活動，但這次竟然不是滑浪風帆：「有一次，我和大女兒兩人由赤柱出發，划艇找一個孤島露營，第二朝再划去大潭篤睇紅樹林。那一天很大風，需要我們兩個全心合力才能完成，最後順利陪她看到潮退時紅樹林的生態。很疲憊！但很值得——兩父女一起共渡難關、一起經歷、一起付出，相信她永遠都會記得那一刻。」

這一刻，無價。

而作為「體育組長」，黃德森亦十分滿意這個「崗位」，亦從生活中帶出「正向訓練」中「容許犯錯」的精神：「撇除經濟壓力，做父親是開心的。因為媽媽負責學業，女兒眼中的她是嚴肅的；而我的角色則是輕鬆的，有時會『整蠱』她們。有時我幫她們溫習默書時攪錯了些東西，被發現後會告訴她們，爸爸不一定對，我也要學習。讓她們明白父親不一定全對，最重要是自己的學習態度。」

互相傾聽感受

一個是嚴的，另一個是放鬆的，兩夫妻的角色相反，如何調和？「角色不同，自然有不同的親子方式。」黃德森有一招絕招，就是每當有分歧時，他都會先考慮太太的處境：「『原來你都好辛苦，要花好多時間同女兒解釋……』。這樣大家就會明白對方了解自己，就好容易可以放下分歧。」

由情緒出發，再代入理解對方的角色，對太太如是，對女兒也如是，「同理心」果然是一個「無敵絕招」。

說完一個又一個親子故事，黃德森用了一個很生動的比喻作結：「買電器會有說明書，但做父親沒有，所以要邊做邊學。」

青協家長全動網（簡稱全動網）是全港最大的家長學習和支援網絡，積極推動「家長學」。家長責任重大；在不同階段教養子女，涉及的知識廣泛，需要不斷學做家長，做好家長。全動網分別在網上和全港各區鼓勵家長積極參與各項親職學習課程，促進交流和自學，幫助家長與子女拉近距離、適切處理兩代衝突，以及培養子女成材。

全動網凝聚家長組成龐大互助網絡，透過彼此扶持與持續學習增值，解決親子難題，與子女同步成長。

家長全動網總辦事處
地址：九龍觀塘坪石邨翠石樓地下 125 至 132 室（港鐵彩虹站 A2 出口）
電話：2402 9230
傳真：2402 9295
電郵：psn@hkfyg.org.hk
網站：psn.hkfyg.hk

香港區辦事處
地址：香港筲箕灣寶文街 1 號峻峰花園 1 至 2 號
賽馬會筲箕灣青年空間
電話：2567 5730/ 2885 9359
傳真：2884 3353

九龍區辦事處
地址：九龍紅磡馬頭圍道 48 號家維邨 3 至 5 樓
賽馬會紅磡青年空間
電話：2774 5300
傳真：2330 7685

新界區辦事處
地址：新界粉嶺祥華邨祥禮樓 317 至 332 號
賽馬會祥華青年空間
電話：2669 9111
傳真：2669 8633

地址：新界荃灣海盛路祈德尊新邨商業中心 2 樓
荃灣青年空間
電話：2413 6669
傳真：2413 3005

爸爸單車 —— 尋找生命的角色

出版	香港青年協會
訂購及查詢	香港北角百福道21號
	香港青年協會大廈21樓
	專業叢書統籌組
電話	(852) 3755 7108
傳真	(852) 3755 7155
電郵	cps@hkfyg.org.hk
網頁	hkfyg.org.hk
網上書店	books.hkfyg.org.hk
M21網台	M21.hk
版次	二零二一年七月初版
國際書號	978-988-79952-8-9
定價	港幣100元
顧問	何永昌
督印	魏美華
編輯委員會	凌婉君、蕭燦豪、黃筠媛
執行編輯	周若琦
實習編輯	李麗瑩、曹芯瑜
插畫	劉妍汶
撰文	朱鳳翎
設計及排版	何慧敏
製作及承印	DG3 Asia Limited

Dad's Bike: Roles in Life

Publisher	The Hong Kong Federation of Youth Groups 21/F,
	The Hong Kong Federation of Youth Groups Building,
	21 Pak Fuk Road, North Point, Hong Kong
Printer	DG3 Asia Limited
Price	HK$100
ISBN	978-988-79952-8-9

青協App 立即下載